AF124744

Einführung

Ich glaube, jeder der Tiere hat und liebt,
kann verstehen, wie ich mich fühle und wie groß
meine Trauer
um meinen Hund Ben ist.
Deswegen möchte ich auf diesem Wege versuchen,
mit meiner
Trauer umzugehen.
Ich möchte noch einmal alle Stationen, die wir
gemeinsam
erlebt haben, Revue passieren lassen.
So kann ich alle schönen Dinge noch einmal in
Gedanken erleben.
Man sagt ja, dass Schreiben die Seele befreit,
das kann ich nur bestätigen.
Ben ist zwar nicht mehr physisch an meiner Seite,
aber in meinen Gedanken und in meinem Herzen
wird er mich immer begleiten.

Er war ein Engel auf Erden...

Inhaltsangabe

Unsere Entscheidung für einen Hund

*Ich bin seit meiner Kindheit mit Hunden groß geworden,
wir haben auf dem Lande gelebt und hatten ein eigenes Haus
mit einem kleinen Garten.*
*Schon meine Mama und meine Oma liebten Tiere und
Blumen über alles*
*und genau diese Leidenschaft habe ich von ihnen geerbt.
Solange ich denken kann, haben wir immer Tiere gehabt:
Hasen, Meerschweinchen, Wellensittiche und vor allem
Hunde. Wie schon gesagt, unsere ganze Familie war
verrückt nach Tieren. Als dann die Jahre ins Land zogen
und ich anfing zu arbeiten und meinen Partner kennen
lernte, blieb natürlich keine Zeit mehr für einen eigenen
Hund. Aber ich habe immer gesagt, sobald es die Umstände
zulassen, bekomme ich auch wieder einen eigenen. Dann,
im Jahre 2000, kauften wir uns ein eigenes Haus mit einem
riesigen Garten. Es war ein Fünf - Familienhaus und so
zogen meine Schwiegereltern mit ein. Das war natürlich
sehr passend, da auch sie sehr tierlieb sind. Als wenn es so
sein sollte - besser konnte es nicht werden. Eines Tages
kamen wir dann zu dem Entschluss: Nun schaffen wir uns
einen Hund an. Schnell war auch klar, welche Rasse es sein
sollte. Ein Altdeutscher Schäferhund, ich fand die schon
immer toll und es bot sich an, weil er auf uns und das Haus
aufpassen sollte. Also ging die Suche los, aber es war
schwer, den richtigen zu finden. Eines Tages dann rief mich
meine Schwägerin an und meinte, sie habe eine Züchterin
gefunden die noch Welpen habe. Allerdings sei nur noch
einer abzugeben, er sei sehr stabil und keiner wolle ihn
haben, wir könnten gerne kommen und uns ihn ansehen.*

Gesagt, getan am nächsten Tag fuhren wir nach Neuss und schauten uns den Kleinen an. Als wir dort ankamen und aus dem Auto ausstiegen, hörten wir schon die Hunde bellen. Dann klingelten wir an der Tür und eine nette sympathische blonde Dame machte uns auf. Sie bat uns sehr freundlich hinein und schon waren wir in einem Pulk von kleinen Hundebabys umgeben.

Am liebsten hätten mein Partner und ich sie alle mit genommen. Eine verrückte Horde und jeder wollte der Erste sein und beachtet werden.

Die Züchterin führte uns dann in den Garten, dort sah es aus, wie in einem bunten Kinderland, alles voller Spielzeug Bälle usw.; so etwas hatte ich noch nie gesehen, ich wusste nicht, wo ich zuerst hinschauen sollte. Doch dann fiel mein Blick auf eine Holzpalette, die etwas abseits stand und darauf lag ein ziemlich großer Welpe mit ganz dicke Pfoten und ganz großen Ohren seine Tatzen waren wie von einem Bären - so dick! Er beachtete uns nicht, er lag da so erhaben, als sei er der Prinz und die Anderen alle seine Bediensteten. Ich sah ihn und es war Liebe auf den ersten Blick. Er sollte es sein, der und kein anderer und genau jener war es auch, den keiner haben wollte, was ich aber noch nicht wusste. Die Züchterin lud uns dann noch auf einen Kaffee ein, um alles Weitere zu besprechen.

Eigentlich hätten wir Ben, so sollte er heißen, der Name fiel mir sofort ein, weil er aussah wie ein Teddybär, in zwei Woche abgeholt werden können, doch wir hatten schon vor längerem mit meiner Schwägerin und meinem Schwager einen Urlaub gebucht. Deswegen haben wir uns dazu entschieden, dass Ben noch eine Woche länger bleiben solle, um ihn nicht unnötigem Stress auszusetzen.

Ich konnte mich beim Abschied gar nicht von ihm losreißen, aber es musste ja sein. Von da an bin ich an den Wochenenden immer zu Ben gefahren und habe ihn besucht und wenn ich es nicht schaffte, habe ich angerufen. Die Leute haben mich bestimmt für verrückt gehalten, aber das war mir egal. Meine Freude war eben so groß und ich konnte es kaum noch erwarten,
  ehrlich gesagt, hatte ich auch keine Lust mehr auf Urlaub. Das Schöne an der Sache war, dass meine Schwägerin auch zur gleichen Zeit einen kleinen Hund bekam. Sie hatte zwar schon einen aber sie wollte noch eine dazu haben. Ela liebt Belgische Schäferhunde. Das passte alles super, wenn wir wieder da wären, konnten wir unsere Babys zusammen abholen. Als dann endlich der Tag gekommen war, an dem wir wieder nach Hause flogen, wurden Minuten zu Stunden: Ich wollte endlich meinen Kleinen abholen!

Ben `s Einzug

Unser Flieger landete gegen 16.00 Uhr in Düsseldorf.
Als wir dann unser Gepäck hatten, fuhren wir ganz schnell
nach Hause und stellten nur die Koffer in den Flur,
schnappten uns die Decke und die Leine und fuhren sofort
weiter. Endlich kamen wir an dem Haus an und ich wurde
immer nervöser. Als wir ausstiegen, ging die Haustür schon
auf und wir wurden freundlich begrüßt. Wir gingen wieder in
den Garten und da stand er, ein kleiner zotteliger Hund, der
darauf wartete sein neues Heim zu erobern. Nach einer Tasse
Kaffee und dem üblichen Papierkram wurde es nun ernst.
Wir verabschiedeten uns alle von einander und ich nahm
Ben auf den Arm und endlich ging es los Richtung Heimat.
Für ihn ein großer Schritt in ein neues Leben!

Die ganze Fahrt hatte Ben gut überstanden, bis auf die letzten Meter da übergab er sich doch noch. Das war aber nicht weiter schlimm, das kleine Tierchen war doch ganz nervös und hatte Angst, man kann ihm ja nicht erklären, dass man es mit ihm nur gut meint. Als wir dann zu Hause ankamen, ließen wir ihn erstmal in den Garten, wo er sich ein wenig erholen konnte und dann zeigten wir ihm sein neues Reich. Er betrat ganz langsam die Wohnung und ging erstmal herum und schnupperte und schaute sich alles ganz genau an. Wir hatten das Gefühl. dass er sich wohl fühlte und auch kein Heimweh hatte. Da der Tag sehr anstrengend war und es auch schon dunkel wurde, wollten wir nur noch ins Bett und Ben sollte auch zur Ruhe kommen. Das war aber wohl nicht in seinem Sinne, wir hatten ihm im Schlafzimmer an meiner Seite vom Bett eine schöne Decke hingelegt, wo er schlafen sollte. Doch da bemerkte er den Spiegel vom Schlafzimmerschrank und er sah einen anderen Hund, er wusste ja nicht, dass er es war. Also verbrachte er die ganze Nacht damit, sich selber zu betrachten; zwischendurch fiel er mal um und schlief, aber dann setzte er sich wieder und schaute sich weiter an. Als der Morgen dann anbrach, wurden wir wach, doch er war fix und fertig und schlief wie ein Toter. Der nächst Tag wurde nur damit verbracht, alles zu erkunden und zu spielen und natürlich lernte er seine neue Familie mit all seinen Mitgliedern kennen. Unter anderem waren auch von meiner Schwägerin Ela die Hunde da und alle verstanden sich super. Nachmittags fuhren wir dann nach Dahl zu meiner Mama und Oma.

Die Beiden hatten auch einen kleinen Hund, er hieß Ronny, er war ein Tibet Terrier und meine Mama hatte ihn damals aus der Fernsehsendung „Tiere suchen ein Zuhause." Er war so niedlich und lieb und verstand sich auch sofort mit Ben. Meine Mama hatte auch einen großen Garten und so konnten die Beiden spielen ohne Ende. Egal, wo wir mit Ben hin kamen, er eroberte alle Herzen im Sturm. Auf der Heimfahrt schlief er dann schon ein, es war für ihn ja auch sehr anstrengend, er war ja noch ein Baby !

Jeder, der einen Hund hat oder schon mal hatte, weiß, dass die erste Zeit sehr anstrengend ist. Man muss die Kleinen stubenrein bekommen, das heißt. alle zwei Stunden raus, bei Tag oder Nacht. Ständiges Aufpassen, weil sie alles erkunden und sehr viel kaputt machen und alles fressen wollen. Es sind zwar nur so kleine Dinge, aber gerade die sind wichtig für die Entwicklung eines Tieres. Sei es, den Kontakt zu anderen Hunden oder auch zu Menschen zu fördern, er muss ja soziales Verhalten lernen und das kann man nur vermitteln, wenn man Hunde an alles heranführt. Ich finde es sehr wichtig, ich wollte immer einen Hund haben den man ruhigen Gewissens überall mit hinnehmen konnte. Die nächsten Monate vergingen wie im Flug und als ich langsam das Futter umstellen wollte, begann er, sich auf einmal wie verrückt zu kratzen. Es wurde von Tag zu Tag schlimmer, also musste ich mit Ben zum Tierarzt. Nach einigen Untersuchungen stellte der Doktor fest, dass Ben gegen einen Stoff in dem Nassfutter allergisch war. Um die Stellen auf der Haut besser behandeln zu können, musste das Fell teilweise abrasiert werden, er sah schlimm aus aber es musste sein. Dann musste ich ihn jeden Tag mehrmals mit einer weißen Lösung einreiben, damit das wieder heilte. Jeder kann sich ja vorstellen, wie das aussah, ein Schäferhund ohne Haare und dann noch mit weißen Flecken. Eines war sicher, uns erkannte man aber das war egal Hauptsache es ging ihm wieder gut. Nach einiger Zeit, sah er dann wieder gut aus. Er bekam das richtige Futter und alles war gut - dachte ich! Eines Tages bemerkte ich dann, dass sich Ben beim Gassi - gehen komisch bewegte, mal humpelte er, mal ging er langsam.

Erst hatte ich gedacht, er hätte sich vertreten, doch es wurde
nicht   besser, im Gegenteil, er legte sich hin und konnte
kaum noch laufen. Also wieder ab zum Arzt, diesmal musste
er geröntgt werden. Da Schäferhunde ja dafür bekannt sind,
HD (Hüftdyslepsie) zu bekommen, musste das abgeklärt
werden. Der Befund war Gott sei Dank negativ, er hatte eine
super B-Hüfte, also keine Anzeichen von HD. Aber durch
sein schnelles Wachsen hatte er Wachstumsstörungen. Der
Doktor meinte, das sei aber ganz normal und würde
vergehen, ich solle ihn etwas schonen.
Das taten wir dann natürlich auch und Ben genoss
es richtig gepflegt zu werden.

Die Hundeschule

Da Ben ja mein erster großer Hund war und ich auch nicht gerade die Stärkste bin, musste Ben lernen zu gehorchen Also gingen wir hier im Ort zu einem Schäferhundeverein. Alle waren mit ihren Tieren auf dem Platz am Arbeiten als ich dort ankam. Sofort wurden wir in Augenschein genommen und jeder hatte etwas zu kritisieren, der Hund sei zu lang und zu schwer, er hätte bestimmt schon die Hüften kaputt usw. Ganz einfach gesagt, alles, was nicht ein Deutscher Schäferhund war, war unter ihrer Würde. Dann kam noch dazu, dass ich durch meine Krankheit auch nicht so schnell laufen konnte und alles etwas langsamer machen musste. Kurzum, sie hatten ein Problem mit uns. Ich war echt tief verletzt und fuhr nach Hause und wollte schon aufgeben, doch dann dachte ich mir: Jetzt erst recht! Also fuhr ich zur nächsten Übungsstunde wieder dort hin, sie waren sehr überrascht, aber sie sahen wohl, dass ich es ernst meinte. Nun kamen auch einige von ihnen auf mich zu und fragten mich, was ich mir denn so mit Ben vorgestellt hätte. Ich erklärte ihnen, dass ich wolle, dass Ben gehorsam sei und dass er aufpassen solle auf uns und auf unser Grundstück. Auf einmal waren sie sehr hilfsbereit und nahmen uns in ihrer Runde auf. Von da an waren wir gern gesehen und uns wurden Übungen gezeigt, die für mich im Rahmen meiner Möglichkeiten lagen. Wir verbrachten eine tolle Zeit auf dem Platz, bis irgendwann nicht mehr genug Leute da waren und der Verein nicht mehr bestehen konnte.

Aber zum Glück war dort ein Pärchen, Tanja und Uwe, die in Vorhalle, eine Ortschaft weiter, einen neuen Hundeplatz eröffneten und außerdem selber Langhaarschäferhunde hatten. Das passte super. Wir hatten so viel Spaß und die Leute waren alle super nett und sehr hilfsbereit. Ben und ich lernten sehr schnell, obwohl ich das Gefühl hatte, dass er schneller begriff als ich. Aber egal wie es auch war, wir hatten unseren Spaß und nur darauf kam es an.

Dann, eines Tages, kam die Zeit die uns vor die Frage stellte Begleithundeprüfung ja oder nein ? Wir entschieden uns, dass wir es probieren wollten. Ben und ich übten und übten, bis wir sie im Schlaf konnten. Dann kam der große Tag!!

Es war an einem Samstagmorgen, mir war schon schlecht vor lauter Aufregung, so das ich keinen Bissen runter bekam. Dann ging es los, ich packte Ben ins Auto und er merkte auch schon, dass etwas anders war als sonst. Wir sind dann zum Platz gefahren, wo es schon total voll war. Alle freuten sich, dass wir kamen und wünschten uns ganz viel Glück. Mir wurde immer schlechter, ich war auch nie ein Mensch für Prüfungen und dann noch vor so vielen Menschen! Dann stand ich da, auf der Anlage, alle Augen auf uns gerichtet - dann kam das Zeichen des Richters und es ging los. Die ersten Übungen klappten super. Ben lief bei Fuß in jedem Schritttempo, er machte Sitz und Platz. Doch dann sollte ich ihn ablegen und er musste solange warten, bis ich ihn mit einem Kommando zu mir heran rief. Aber was machte mein lieber Ben, er lief mal ganz schnell hinter mir her, damit ich nicht abhaute und als ich mich zu ihm drehte, freute er sich als hätte er mich länger nicht gesehen.

Das war es dann mit der Prüfung, nicht bestanden und es
war so kurz vor dem Ende! Ach nee, was habe ich mich
geärgert aber es war nicht mehr zu ändern, es war vorbei.
Vor lauter Wut über mich selber tat ich Ben ins Auto und
fuhr nach Hause, wo mein Mann schon aufgeregt auf das
Ergebnis wartete, doch er sah es mir schon an. Also habe
ich alles unter Tränen der Enttäuschung erzählt, doch er
war genau der gleichen Meinung, dass Ben meine
Aufregung gespürt hätte und deshalb so verunsichert
gewesen sei er hätte mich ja nur beschützen wollen. Den
Hund traf keine Schuld, beim nächsten Mal klappt es
bestimmt.
Also alles wieder von vorne...
Ich bekam schon Alpträume von den Übungen,
aber da mussten wir nun durch Ben ließ alles geduldig über
sich ergehen, obwohl er bestimmt auch manchmal gedacht
hat, die kann sie nicht alle haben. Dann kam die nächste
Prüfung und wieder war ich total aufgeregt, der gleicher
Ort, gleiches Spiel, nur dieses Mal haben wir die Prüfung
super geschafft. Ben hat alles so toll gemacht und ich war
stolz und erleichtert, dafür bekam er einen Pokal und eine
extra Wurst und ich heulte Tränen der Erleichterung.
Von nun an ließen wir alles ganz locker angehen,
keine Prüfungen, keinen Stress mehr.
Natürlich sind wir weiter zum Hundeplatz gegangen und
haben auch
geübt, aber alles nur noch für uns und so viel, was für Ben
und mich gut war.

Da er nun mal ziemlich groß und schwer war, mussten wir auf seine Knochen aufpassen. Die Zeit auf dem Platz und mit den Leuten war wirklich sehr schön und wir verstehen uns heute noch alle super, obwohl der Verein so gar nicht mehr besteht. Die meisten Hunde leben auch schon nicht mehr, genau wie meiner.

Aber unsere Erinnerungen sterben nie und oft denken wir noch daran zurück. Es war eben eine tolle Zeit, die wir gemeinsam verbracht haben, aber irgendwann geht alles einmal zu Ende.

Unsere Urlaube

Von nun an mussten wir ja auch unsere Urlaube anders planen als früher. Zuerst sind wir mit meiner Schwägerin und meinem Schwager und
ihrem Sohn und den beiden Hunden immer nach Holland gefahren.
Dort haben wir uns immer ein Haus gemietet, es war eine super schöne Zeit. Wir sind mit den Hunden den ganzen Tag spazieren gegangen und haben sie im Meer schwimmen lassen.
Die Urlaube vergingen immer wie im Fluge.
Doch dann kam die Zeit, als unsere Hunde anfingen, sich untereinander nicht mehr zu verstehen, sie wurden geschlechtsreif und so fingen sie an, sich zu bekämpfen.
Ben hatte natürlich noch schlechtere Karten, weil die anderen Beiden ein Rudel bildeten und ihn als Eindringling sahen.
Mit der Zeit wurde es immer schlimmer, sie gingen nur, wenn sie sich schon sahen, aufeinander los.
Also konnten wir nicht mehr zusammen fahren.
Nun mussten wir uns etwas anderes überlegen, vor allem musste es hundefreundlich sein.
Das Schicksal meinte es gut mit uns.
Bekannte von uns, die auch selber Hunde haben, erzählten uns davon, dass sie immer Urlaub in Kroatien machen.
Es sei total schön da und die Menschen seien dort sehr hundefreundlich.
Also ließen wir uns die Adresse geben und wir setzten uns mit den Leuten in Verbindung.

Alles klappte perfekt, einige Wochen später ging es los.
Das Auto wurde gepackt Ben bekam seinen Platz
wunderschön zurecht gemacht, so dass er es super bequem
hatte.
Dann ging es los, die Fahrt wurde sehr lang, aber wir waren
für alles gerüstet.
Zwischendurch machten wir dann Pause, um uns etwas die
Beine zu vertreten. Eigentlich ging die Zeit schnell rum, aber
trotzdem waren wir ganz schön geschafft, als wir endlich
ankamen.
Bei unserer Ankunft meldeten wir uns bei den Vermietern
und holten den Schlüssel für unsere Wohnung .
Die Wohnung lag in einem kleinen Ort Namens Porec ,
es war traumhaft schön dort.Wir hatten dort alles, was das
Herz begehrte, das Wetter war wunderschön, die Unterkunft
war super schön mit einem kleinen Garten dabei,
in dem der Hund laufen konnte.
Es stimmte einfach alles, wir waren jeden Tag schwimmen
und haben uns die Gegend angesehen.

Das war der Anfang von einer Reihe wunderschöner
Urlaube, die wir dort verbracht haben.
Manche würden sagen, wir seien verrückt, so viel mit und für
ein Tier zu tun , doch für uns ist es das selbstverständlichste
der Welt; denn wir sind eine kleine Familie.
Heute glaube ich, nein, ich weiß, es war Bestimmung, dass
genau dieser Hund damals zu uns kam.
Er kam zu einer Zeit zu uns, als es mir sehr schlecht ging,
bei mir wurde ein Herzfehler festgestellt, den man nicht
behandeln kann und das bedeutete für mich, ab sofort nicht
mehr arbeiten und auch sonst keine Anstrengungen mehr
haben zu dürfen.
Nach 22 Jahren Dauerstress war auf einmal alles vorbei, von
heute auf morgen saß ich alleine zu Hause alle waren
arbeiten, keiner hatte Zeit.
Da muss man erstmal sein Leben neu ordnen,
doch zum Glück hatte ich meinen kleinen Hund, ich habe
ihm alle Zeit und Liebe geschenkt, die ich hatte,
und er belohnte mich mit all seiner Treue und Liebe, die er
für mich hatte.
Ben und ich, wir hatten schon immer eine besondere
Beziehung.
Er spürte genau, wie es mir ging, ob ich traurig oder
glücklich war, er war immer an meiner Seite.
Ihm konnte ich alles erzählen und er gab mir auch das
Gefühl, dass er mich verstand, so wie ich ihn verstand.
Ben war eben mein bester Freund.

Ben bekommt einen neuen Freund

Eigentlich war Ben immer ein Einzelgänger, er mochte keine anderen Hunde und schon gar keine Rüden. Aber trotz alledem hatte er wenige Auserwählte die er mochte, unter anderem war einer davon Ronny.
Ronny war der kleine Tibet -Terrier.
Er war genau zwei Jahre älter und war der Hund meiner Mama und meiner Oma.
Damals bin ich fast jeden zweiten Nachmittag zu meiner Mama gefahren, dort sind wir dann mit den Hunden spazieren gegangen und haben Kaffee getrunken.
Es war einfach eine wunderschön Zeit, die wir immer sehr genossen haben.
Bis im Jahre 2009, als der nächste Schicksalsschlag für unsere Familie kam.
Meine Mama wurde sehr schwer krank, durch einen Sturz in ihrem Badezimmer wurde die Katastrophe ausgelöst.
Erst haben wir gedacht, es wäre ein leichter Schlaganfall, doch es stellte sich etwas viel Schlimmeres, heraus womit keiner gerechnet hätte.
Die Diagnose war Krebs, für uns brach eine Welt zusammen.
Da ihr Zustand von Tag zu Tag schlechter wurde, konnte sie sich nicht mehr um meine Oma und Ronny kümmern.
Also zog ich nach Dahl und versuchte, mich um alle zu kümmern. Aber es war einfach unmöglich, ich schaffte es nicht.
Eine kranke Mama , eine 99jährige Oma, die alles nicht begreifen konnte und einen kleinen Hund.

Dank meines Mannes und meiner Schwiegermutter konnte
ich mich darauf verlassen, dass zu Hause wenigstens alles in
Ordnung war.

Nach ca.8 Wochen kam dann das schreckliche Ende.

Meine Mama wurde von ihrem Leiden erlöst und meine
Oma ist ihr genau 4Tage später aus gebrochenem Herzen
gefolgt.

Genau an dem Tag, an dem meine Mama beerdigt wurde,
bekam ich einen Anruf meiner Schwiegermutter.

Sie sprach mir ihr Bedauern aus und meinte das meine Oma
sich Abends ins Bett gelegt hatte und sie am Morgen
einfach nicht mehr wach geworden ist. Es war das
schlimmste, das ich je erlebt habe und ich konnte das
alles nicht begreifen, doch es musste ja weitergehen.

Alles musste erledigt werden, die Beerdigungen, das Haus
und alles, was noch so anfiel.

Aber das allerwichtigste war nun Ronny, ich hatte meiner
Mama versprochen mich um ihn zu kümmern und das war
für mich das wichtigste.

Also packten wir Ronny und all seine Sachen ins Auto
und fuhren nach Hause.

Als wir dann ankamen, freute sich Ben, Ronny zu sehen,
er durfte sofort rein, so wie immer und es war alles ok.

Doch dann, als es Abend wurde, fing Ronny an, sein altes
Heim zu vermissen und natürlich meine Mama.

Doch Ben war so lieb zu ihm, als ob er es gespürt hätte.

Die Beiden kuschelten sich aneinander und schliefen ein.

Nach einigen Tagen hatte sich Ronny bei uns eingewöhnt
und es schien ihm zu gefallen, bei uns zu sein.

*Wir waren so froh, dass wenigstens er alles so gut
überstanden hatte und er sein neues Leben in seinem neuen
Heim in vollen Zügen genoss.
Ronny war endlich bei uns angekommen.*

In den nächsten zwei Jahren verbrachte Ronny eine herrliche Zeit hier bei uns .Es ging ihm einfach super, er spielte und tobte wie verrückt durch den Garten, er genoss einfach sein Leben.

Doch dann, am Abend vor Pfingstsonntag 2011, bekam Ronny einen schlimmen Husten, verbunden mit Nasenbluten,es hörte gar nicht mehr auf, also fuhren wir zum Tierarzt. In einem Nachbarort hatte einer Notdienst. Als er uns sah, nahm er uns sofort dran, doch er konnte sich auch nicht erklären, woher das kam.

Er meinte, dass er vielleicht etwas im Rachen hätte, aber dafür müsste ich zu meinem Tierarzt, weil es ohne Narkose nicht gehen würde.

Also – gesagt, getan nach den Feiertagen bin ich sofort zu meinem Tierarzt gefahren und ließ Ronny untersuchen. Auch der meinte, dass Ronny eine Narkose bräuchte und dabei schaute er mal die Zähne nach, weil einige schlecht waren.

Ich gab mein Einverständnis und brachte den Kleinen am nächsten Tag wieder dort hin.

Nach einigen Untersuchungen bekam er dann die Spritze und ich hielt ihn solange in meinem Arm, bis er schlief.

Es war komisch, aber schon da hatte ich kein gutes Gefühl, doch ich beruhigte mich damit, dass ich ihm nur helfen wollte.

In der Zeit, in der er dann operiert wurde, bin ich nach Hause gefahren, Minuten wurden zu Stunden und selbst Ben lag ganz ruhig in einer Ecke.

Am frühen Nachmittag, kam der erlösende Anruf, Ronny hätte alles gut überstanden und wir könnten ihn in einer Stunde abholen.

Wir waren so erleichtert und froh und ich wollte mich schnell fertig machen, als wieder ein Anruf kam und sie mir sagten: „ Fr. Driemel, es tut uns wahnsinnig leid, aber Ronnys Kreislauf ist zusammengebrochen, wir konnten leider nichts mehr für ihn tun."

Für mich kam der totale Zusammenbruch, innerhalb von 3Jahren der dritte Anruf, dass es wieder einer aus meiner Familie es nicht geschafft hatte.

Als ich mich dann wieder etwas gefangen hatte, sind wir nach Remscheid gefahren und haben uns von Ronny verabschiedet.

Nun waren wir drei wieder alleine,
als wir heimkamen, suchte Ben natürlich den Kleinen und das hat auch einige Zeit gedauert.

Aber Ben hat nie wieder einen Hund so akzeptiert wie seinen kleinen Freund, er war eben etwas ganz Besonderes für uns alle …

Du wirst immer in unseren Herzen sein !

Mein tapferer Hund !

Die nächsten Monate verliefen wie immer,
unser Leben ging ganz normal weiter und ich habe gedacht,
jetzt käme mal eine Zeit, in der ich mich mal etwas erholen
könnte.
Doch weit gefehlt, das, was dann kam, hätte ich mir in
meinen schlimmsten Träumen nicht vorstellen könne. Wir
hatten noch einen wunderschönen Sommer zusammen,
in dem wir oft schwimmen waren und haben viel Zeit im
Garten verbracht.
Ich bemerkte zwar, dass Ben etwas langsamer wurde,
aber gut, er war ja auch zehn Jahre alt.
Hin und wieder knickte er zwar mal mit dem linken
Hinterbein ein, aber ich habe gedacht, er hätte sich vertreten.
Obwohl ich heute der Meinung bin, dass ich es geahnt habe,
aber ich wollte es nicht wahr haben.
So kurz nach Weihnachten bemerkte ich ebenfalls, dass er im
linken Auge einen kleinen schwarzen Fleck bekam, der mit
der Zeit immer etwas größer wurde.
Natürlich sind wir dann zum Arzt gefahren und der meinte,
es könnte alles oder nichts sein, wir sollten es erst einmal
beobachten, denn in dem Alter sollte man ihn nicht so
unnötig quälen.
Aber es schien ihn ja auch nicht zu stören.
So zogen die Monate ins Land, der Fleck veränderte sich
nicht weiter, aber das mit dem Laufen wurde immer
schlimmer.

Er hatte gute und schlechte Tage; wenn es warm und trocken war, lief er gut und war es nass und kalt, dann wurde es schlechter.
 Also wieder zum Arzt, nach einigen Untersuchungen kam dann der Befund, dass es rheumatische Beschwerden seien. Er sei eben alt und dann komme das schon vor, also bekam er Medikamente und es klappte auch eine Zeit lang sehr gut. Durch die Mittel war er ziemlich schmerzfrei und lief auch wieder, aber die Freude war nicht von langer Dauer.
Zum Herbst hin wurde sein Zustand immer schlimmer, er konnte immer schlechter laufen.
Diesmal wollte der Tierarzt lieber die Seite mal röntgen.
Wir machten einen Termin aus, zu dem er dann in eine Kurznarkose gelegt wurde. weil er ja ganz still liegen musste.
Die Tage bis zu diesem Termin kamen mir ewig, vor obwohl es nur zwei waren. Im Stillen habe ich schon geahnt, was kam und so sollte es auch sein,
es war der Anfang vom Ende.
Wir sollten morgens um 8.00 Uhr da sein, da Michael aber nicht frei bekam, hatte sich ein guter Freund von uns dazu bereit erklärt, mich zu fahren.
Ich werde es nie vergessen! Kurz bevor wir los mussten, fing es an zu schneien und in null Komma nichts war alles weiß, aber egal wie, wir mussten ja los.
Man konnte zwar nur langsam fahren, aber es klappte.
Als wir dann beim Arzt angekommen waren, wurde Ben noch mal kurz untersucht und dann bekam er die Narkose.
Natürlich blieb ich so lange bei ihm, bis er schlief, aber dann, bevor er einschlief, fing er sich an zu wehren und er krampfte, es war einfach nur schrecklich.

Ich schrie laut nach dem Arzt, ich habe wirklich gedacht er wäre erstickt.

Alle kamen sofort angerannt und sie beruhigten mich und meinten, das könne passieren, aber es wäre nicht weiter schlimm. Als er dann endlich schlief, konnten sie ihn in Ruhe untersuchen.

Ich wartete natürlich so lange, bis er fertig war und auch wieder wach wurde.

Dann sind wir so verblieben, dass wir am nächsten Tag zur Besprechung kommen sollten, dann wären auch alle Ergebnisse da. Gesagt, getan! Am nächsten Abend fuhren wir zu dieser Besprechung, doch was da kam, da hätte keiner mit gerechnet.

Die Hüfte sah sehr schlimm aus, er hatte HD (Hüftdysplasie)!

Meine schlimmsten Befürchtungen wurden wahr.

Nun ging es darum, was wir noch tun könnten.

Der Arzt schlug uns eine Operation vor, bei der Schmerznerv durchtrennt würde und so wäre er wenigstens schmerzfrei.

Aber bei so einem alten Hund stünden die Chancen auch nur 50%, er könne nichts versprechen, aber einen Versuch sei es wert.

Wir baten um ein wenig Bedenkzeit, um alles erst einmal sacken zu lassen.

Doch eigentlich hatten wir unsere Entscheidung schon getroffen.

*Also baten wir um einen OP -Termin, den wir dann auch
ganz schnell bekamen. Wir sahen alle dieser OP sehr mit
gemischten Gefühlen entgegen,*
*Es war ein Wechselbad der Gefühle, es war einfach grausam,
aber vielleicht auch eine Chance für uns.*
*Ich werde den Tag nie vergessen, es war genau der
06.12.2012, als Ben operiert wurde.*
*Morgens brachten wir ihn hin und gegen Abend konnten wir
ihn wieder abholen.*
*Es war schlimm, ihn so zu sehen, so ein starker kräftiger
Hund und nun auf einmal so hilflos .*
*An seinem linken Hinterbein hatten sie die Haare abrasiert
und nun war dort eine lange Narbe, die zugeklebt war.*
*Er war so schwach, er konnte sich nicht alleine halten,
doch sie beruhigten uns, indem sie meinten, morgen müsse
er wieder laufen. Also trug Michael ihn ins Auto und wir
fuhren nach Hause.*
*Wir waren überhaupt nicht erleichtert, aber keiner traute
sich, etwas zu sagen.*
*Zu Hause angekommen, hoben wir ihn vorsichtig aus dem
Wagen und setzten ihn in den Garten.*
*Ich habe ihm dann sein Hinterteil etwas stabilisiert, damit er
sein Geschäft machen konnte.*
*Die Nacht schliefen wir alle durch, wir waren alle einfach
nur fertig.*
*Am nächsten Morgen sollten wir dann wieder zur Kontrolle
und zum Wechseln des Verbandes kommen, also alle wieder
ins Auto und los.*
*Ben konnte sich zwar schon wieder richtig setzen, aber kein
Stück alleine laufen.*

Beim Tierarzt wieder angekommen, bekam er einen neuen Verband und eine Spritze, aber richtig glücklich war auch er nicht.

Ben hätte eigentlich schon etwas gehen müssen, aber er versuchte, uns zu beruhigen und zeigte mir, wie ich ihn mit einem Tuch das Hinterteil stützen konnte und ich müsse immer mit ihm üben.

Meine nächsten Tage bestanden nur darin, zum Arzt zu fahren und mit ihm im Garten zu üben, doch nichts passierte. In der Wohnung ging es dann mal, aber es war keine richtiger Fortschritt zu sehen.

Ganz im Gegenteil, als die Narbe anfing zu heilen, hat Ben sich alles wieder aufgerissen, weil es ihn so juckte.

Also alle wieder ab ins Auto und Richtung Doktor .

Zuerst kamen wir sehr gut voran, doch dann wurden auf einmal alle langsamer und noch langsamer, bis wir dann plötzlich ganz standen.

Nichts ging mehr …

Es war dunkel, kalt und es regnete ohne Ende und wir auf einer dreispurigen Autobahn ganz links und plötzlich wurde das Licht am Auto immer schwächer und schwächer.

Michael konnte den Motor nicht ausmachen, dann wäre alles vorbei gewesen.

Wir bekamen beide langsam die Panik und ich dachte nur im Stillen, bitte, liebe Engel, helft uns und ich dachte, ich schaute nicht richtig, aber einige Minuten später ging es langsam weiter, so dass wir soeben noch auf die Standspur kamen.

Dort angekommen, fiel alles aus, wir standen dort ohne Licht im Regen, aber dann als sollte es so sein .Ein Wagen vom ADAC kam vorbei.

Sie hielten sofort bei uns an und versuchten, uns zu helfen. Der Herr stellte fest, dass die Lichtmaschine kaputt war und das wir abgeschleppt werden mussten.

Doch Gott sei Dank ist Michael LKW Mechaniker und der rief in seiner Firma an und es kamen welche vorbei, die uns eine neue Lichtmaschine brachten und auch einbauten.

Nach ca. 4Stunden waren wir wieder zu Hause, allerdings, ohne beim Arzt gewesen zu sein, also verband ich Ben selber- so gut, wie es ging.

Durchgefroren aber glücklich, dass alles gut gegangen war lag ich dann im Bett und bedankte mich bei meinen Engeln, dass sie uns so beschützt hatten.

Denn die Engel begleiten immer unsere Wege, aber sie werden sich nie einmischen, erst dann, wenn man sie darum bittet, schreiten sie ein und werden dir helfen.

Wie so oft schon vorher, wurde mir wieder einmal klar, dass die Engel eben unsere ständigen Begleiter sind.

Eigentlich passierte in den nächste Tagen nichts,
besser gesagt, gar nichts!
Aber ich konnte und wollte Ben nicht aufgeben.
heute weiß ich, dass ich ihm sehr viel zugemutet habe,
vielleicht zuviel.
Aber wenn man liebt, verschließt man die Augen, obwohl
die Realität einen immer wieder einholt.
Dann stand Weihnachten vor der Tür, dieses Jahr
wurde bei uns gefeiert, wir konnten ihn ja nicht so lange
alleine lassen.
Zu der Zeit war er auch wieder voll dabei, er saß zwar immer
und zog sein Hinterteil nach, doch hin und wieder stand er
auch.
Aber es sah nicht so aus, dass er sich unwohl fühlte. Wenn
es an der Tür schellte, war er immer ruck zuck da.
Natürlich redeten wir uns alle ein, dass es wieder würde, es
dauerte nur etwas länger.
Nach den Feiertagen kam eine Freundin zu mir zu Besuch,
die selber Krankenschwester ist und auch nebenbei selber
Tierphysiotherapie bei Tieren gibt.
Sie gab mir einige Tipps, welche Übungen ich noch mit ihm
machen könnte, um seine Muskeln wieder aufzubauen
und sie gab mir eine Adresse von einer Therapeutin, die
ein extra Becken für Schwimmtherapie hat.
Also machte ich mich nach den Feiertagen gleich daran,
einen Termin bei ihr zu bekommen.
Ich rief die Dame an und erzählte ihr die ganze Geschichte,
doch sie meinte, sie müsse ihn sehen, so könne sie nichts
dazu sagen.

Wir bekamen bei ihr sehr schnell einen Termin und waren
sehr auf ihr Urteil gespannt.
Dann war es so weit, wir fuhren nach Iserlohn, wo die Ärztin
ihre Praxis hat. Bei unserer Ankunft war sie sehr freundlich
und ich weiß nicht, warum, aber sie hatte noch kein Wort
gesagt, aber ich fing an zu heulen und kriegte mich gar nicht
mehr ein es war, als ob ein Fels von meinem Herzen gefallen
wäre.
Sie war meine letzte Hoffnung, aber auch sie machte mir
nicht mehr viel Mut.
Nach einer eingehenden Untersuchung sagte sie uns genau
das, was uns auch schon der Arzt gesagt hatte, was ich aber
nicht hören wolle. Für Ben gibt es keine Besserung, es hätte
schon lange besser sein müssen, aber so gab es nichts mehr
und auf ein Wunder bräuchte man in diesem Fall auch nicht
mehr zu hoffen.
Wir sollten doch uns mal seelisch darauf einstellen, dass es
eher schlimmer als besser würde.
Wir waren am Boden zerstört, aber endlich hatte jemand mal
das Ausgesprochen, was wir alle schon lange wussten.
Es war vorbei und der Rest war nur noch eine Frage der
Zeit.
Zu Hause angekommen, haben wir uns wirklich mit dem
Gedanken auseinander gesetzt, ihn zu erlösen, aber wir
wollte noch das Wochenende abwarten und dann uns
entscheiden, aber das brauchten wir nicht mehr.Es wurde
uns die Entscheidung abgenommen,
ab Freitags ging es Ben immer schlechter, er hörte auf zu
fressen und das bisschen, was er noch lief, tat er auch nicht
mehr.

Sein Zustand wurde immer schlechter, also entschlossen wir uns zu dem schlimmsten Schritt, vor dem sich jeder Hundebesitzer fürchtet.

Wir müssen das Tier von seinem Leiden befreien.

Montags rief ich dann wieder bei meinem Arzt an und bat ihn, doch zu kommen und ihn zu erlösen.

Ihm war es aber erst am nächsten Tag möglich oder ich hätte in die Praxis kommen müssen.

Aber das wollte ich nicht, Ben sollte in seinem Zuhause diese Welt verlassen und nicht in einer sterilen Arztpraxis.

Heute bin ich der Meinung, er hat es gespürt, was vor sich ging und es war seltsam, ich glaube, wir waren alle jetzt zu diesem Schritt bereit, vor allem Ben.

Es wurde seltsam ruhig, wir wurden ruhiger und ich hatte auch nicht mehr diesen Gedanken, dass ich ihn umbringe.

Jetzt war es nur noch ein Erlösen, er hatte so gekämpft, aber leider hat er diesen Kampf verloren.

Am frühen Nachmittag des 26.03.2013 kam dann, wie versprochen, der Doktor zu uns nach Hause.

Michael hatte sich auch ab Mittags frei genommen, denn wir wollten ihn gemeinsam auf seinem letzten Weg begleiten.

Ich saß mit Ben auf dem Boden auf seiner Lieblingsdecke und hielt ihn ganz fest im Arm.

Nach einer kurzen Untersuchung ging es auf einmal alles ganz schnell. Ben bekam eine Spritze und er sackte sofort weg.

Er hatte keine Kraft mehr, für ihn war es jetzt der einzige richtigeWeg .

*Ich weiß nicht, wie lange ich noch mit ihm so da gesessen
habe, bis sie mir dann sagten, dass es schon lange vorbei sei.
In diesem Moment konnte ich aber nicht weinen; ich
war einfach nur leer, ich fühlte und spürte nichts, absolut
nichts ich war einfach wie betäubt.
Gegen Abend hatte Michael mit unseren Freunden eine
schöne Holzkiste gebaut, in die wir dann Ben mit seiner
Decke seinem Halsband und seiner Leine hinein legten.
Dann ließen wir ihn von einem Bestattungsunternehmen
für Tiere abholen.
Heute hat Ben an seinem Lieblingsplatz an unserer
Gartenhütte einen Gedenkplatz , wo er jeden Sommer so
gerne gelegen hat.
Er wird immer ein Teil von uns bleiben.
Er ist zwar nicht mehr körperlich anwesend, aber ich spüre
oft seine Nähe, ich weiß, nun ist er mein Geistführer,
mein ganz persönlicher Schutzengel, der mich auf alle
meinen Wegen begleitet.
Wir werden auf ewig verbunden bleiben.*

Wir werden dich nie vergessen,
in unseren Herzen und Träumen
wirst du immer bei uns sein.

Die nächsten Tage waren sehr schlimm, die Wohnung war so
leer, er fehlte in jeder Minute, aber wir wollten keinen neuen
Hund haben.
Ich musste auch erst einmal alles verarbeiten,
die Dinge, die in den vergangenen vier Jahren geschehen
sind.
Es war einfach alles viel zu viel für mich.
Ich wollte nur Ruhe und nichts als Ruhe.
Nach einigen Tagen meldete sich eine gute Freundin bei mir,
sie macht unter anderem auch Tierkommunikation. Claudia
hatte zwar mitbekommen, dass Ben sehr krank war,
aber dass er tot war, konnte sie nicht wissen.
Sie kam auch am Telefon gleich zur Sache und sagte, Ben ist
tot, nicht wahr?
Ich war total geschockt, ich sagte, ja, und bevor ich
weiterreden konnte, nannte sie mir schon den genauen Tag
und die Uhrzeit.
Ich konnte es gar nicht glauben, ich war total geschockt und
fasziniert zugleich und dann erzählte sie mir Folgendes.
An diesem besagten Nachmittag hatte sie plötzlich Ben
gesehen, wie er ganz gesund und munter im Wald stand.
Wie sie sich wieder gefangen hatte, schaute sie auf die Uhr
und es war ca.15 Uhr und da wurde ihr klar, was geschehen
war.
Ihre Erzählungen hauten mich um, aber es war eben auch
eine Bestätigung für mich, dass es ihm nun wieder gut geht.
Danach konnte ich auch etwas besser damit umgehen.
Obwohl es die schmerzhafteste und furchtbarste
Entscheidung war, die ich je treffen musste,
aber es war die richtige Entscheidung, nun ging es ihm
wieder gut. Ben war im Regenbogenland angekommen.

Ein neuer Anfang !

Nach ca. zwei Wochen kam doch öfters mal der Gedanke an einen
kleinen neuen Hund, aber wir verwarfen ihn sofort,
weil wir wollten ja keinen mehr haben.
Aber wie es dann eben so sein soll, schaut man ja doch mal
im Internet nach, aber immer nur mit dem Gedanken,
ich schaue nur mal.
Was ich zu dem Zeitpunkt aber nicht wusste, war,
dass Michael auch schon mal im Netz sich umgeschaut hatte.
Eines Tages rief er mich dann in seiner Mittagspause an und meinte,
wenn ich Lust hätte, sollte ich mir eine bestimmte Seite im
Internet ansehen, die hätten noch kleine Welpen und es wären
Altdeutsche Schäferhunde.
Nach kurzem Zögern schaute ich sie mir wirklich an und war
auch total begeistert.
Am Abend dann sprachen wir darüber und wir einigten uns
Darauf, dass ich am nächsten Tag mal dort anrief und mich
mal erkundigte.
Das tat ich dann auch, die Leute waren sehr nett und sie
meinten, wir könnten gerne kommen und uns die Kleinen
ansehen.
Also machte ich einen Termin aus, da der Züchter in
Göttingen wohnte, das war nicht mal eben um die Ecke.
Ich hatte also einen Termin für Freitags gemacht, aber
immer noch war ich der Meinung, wir schauen nur mal.

Dann kam der große Tag, aber begeistert war ich nicht, aber
ich hatte für alle Fälle doch mal eine kleine neue Leine mit
Halsband gekauft.
Michael machte gegen Mittag Feierabend und dann
fuhren wir los.
Am späten Nachmittag kamen wir dann in Göttingen an,
es war ein ganz kleines Dörfchen. Als wir vor dem Haus
parkten,
hörten wir schon die Hunde bellen,
alles erinnerte mich wieder an damals und ich wurde mir
auf einmal total unsicher.
Mache ich das Richtige? Aber bevor wir dort hineingingen,
dachte ich nur, wenn Ben möchte, dass wir wieder einen
Hund
bekommen sollen, dann schickt er mir einen.
Also schellten wir und die Züchter machten die Tür auf,
sie waren sehr nett und begrüßten uns total freundlich.
Dann führten sie uns zu den Hunden, die hinter dem Haus
im Garten waren, alles wieder genau wie damals.
Dort saßen fünf kleine flauschige Welpen, die uns alle
ansahen,
als wollten sie sagen: "Bitte, nehmt mich mit!"
Aber es war komisch, ich war so voller Zweifel und so
unsicher, ich verstand mich selber nicht.
Sie waren auch alle wunderschön, aber der Funke sprang
nicht über.
Es war keiner dabei, von dem ich gesagt hätte, der ist es.
Doch dann ging eine kleine Klappe auf und ein kleiner
putziger Kerl kam heraus, ging an allen vorbei und setzte
sich vor uns hin und schaut uns an.

Das war er, genau er und kein anderer, alle Zweifel waren wie

Weggeblasen, es gab überhaupt keine Bedenken mehr bei uns.

Wir schauten uns an und wir wussten, dass er es ist.

Dann erzählte uns der Züchter, dass der Kleine eigentlich schon am Dienstag abgeholt werden sollte, aber die Leute sind nicht gekommen und nun würden sie ihn auch nicht mehr

bekommen, wenn wir ihn haben möchten, wäre es unser. Da dachte ich mir nur im Stillen, das sollte so sein, der Kleine war für uns bestimmt.

Also gingen wir dann mit dem Kleinen gemeinsam ins Haus zurück und machten alles Schriftliche fertig.

Die Züchter boten uns noch Kaffee und Kekse an und der Kleine lag auf dem Boden zwischen uns und wartete in Ruhe ab.

Dann machten wir uns wieder auf dem Heimweg, weil die Fahrt war noch sehr lang.

Ich setzte mich dann mit ihm nach hinten, weil ich dachte, wenn er unruhig würde, wäre ich bei ihm.

Doch auf dem ganzen Heimweg, also ca. vier Stunden, schlief der kleine Mann, als ob er geahnt hätte, dass er nun ein wunderschönes Zuhause bekommen würde und wo er nur betüddelt wird.

Heute sage ich mir, es sollte alles so sein und es sollte genau dieser kleine Hund sein, der zu uns kommt.

Den hat mir mein Ben geschickt damit ich nicht mehr traurig bin und dass ich ihm nun all meine Liebe schenken kann.

Ben wollte, dass wir wieder glücklich sind,
er ist eben mein Schutzengel, der immer an meiner Seite
bez. an unserer Seite sein wird.

Darf ich vorstellen: das ist Eddy.
Er wurde am 26.12.2013 geboren !

*Eddy ist ein richtiger Wildfang, er hat nur Unsinn im Kopf.
Vielleicht wird es auch irgendwann mal ein Buch mit
seiner ganz persönlichen Geschichte geben!
Heute ist alles etwas länger als ein Jahr her und trotzdem
denke ich noch oft an diese schwere Zeit zurück.
Eddy hat uns in dieser Zeit so viel gegeben und uns zum
Lachen gebracht, er bringt uns so viel Spaß, man muss ihn
einfach nur lieb haben.
Schon morgens, wenn er wach wird, hat er nur Unsinn im
Kopf, er ist eben ein richtiger Sonnenschein.
Oft ertappe ich mich dabei, dass ich die Beiden vergleiche,
obwohl das überhaupt nicht geht, sie sind so verschieden, wie
es nur sein kann.
Ben war immer sehr ruhig und auch immer gerne für sich
alleine, aber er passte auf alles auf.
Eddy ist eine richtige Rakete und immer nur an meiner Seite,
mit dem Aufpassen hat er es auch nicht so.
Für ihn ist die Welt ein buntes Abenteuer, wo es jeden Tag
etwas zu entdecken gibt.
Ich wünsche mir, dass wir noch sehr viele schöne Jahre
gemeinsam mit einander verbringen dürfen.
Aber egal, wie, ob in guten oder schlechten Zeiten, ich werde
ihn immer begleiten.*

Nachwort ...

*Ich möchte mich bei all unseren Freunden bedanken, die uns
in dieser Zeit zur Seite gestanden haben.
Die immer für uns da waren wenn wir sie brauchten, ob am
Tage oder in der Nacht.
Die uns zugehört und getröstet haben,
die uns die Kraft und Energie gaben zu kämpfen.
Sie waren es auch, die mich dazu ermutigt haben, dieses
Buch zu schreiben. Es sollte eigentlich nur für mich
persönlich sein,
doch sie meinten, es gäbe so viele Menschen, die in der
gleichen
Situation seien und denen es vielleicht etwas in ihrer
Trauer und in ihrem Schmerz helfen würde.
Egal, wie groß der Schmerz auch ist, aber eines ist ganz
gewiss,
unsere Lieblinge im Regenbogenland sind wieder glücklich
und froh und das sollte für uns der größte Trost sein.
Wir können sie zwar nicht mehr sehen, aber wir können sie
fühlen und spüren, denn sie sind immer an unserer Seite,
ganz leise und unsichtbar.*

FSC
www.fsc.org
MIX
Papier aus ver-
antwortungsvollen
Quellen
Paper from
responsible sources
FSC® C105338

Herstellung und Verlag:
BoD - Books on Demand, Norderstedt
ISBN 978-3-7357-9110-8